W0059392

BOVTIQVE PHARMACEVTIQVE

Mannfried Pahlow

Tausendgüldenkraut

Ratschläge aus
Großmutters Hausapotheke
bei Magen- und Darmstörungen

Edition Wötzel Frankfurt am Main

Die Deutsche Bibliothek - CIP-Einheitsaufnahme
Pahlow, Mannfried:
Tausendgüldenkraut: Ratschläge aus Großmutters
Hausapotheke bei Magen- u. Darmstörungen /
Mannfried Pahlow. - 2. , durchges. Aufl. - Frank-
furt am Main: Ed. Wötzel, 1997
  ISBN 3-925831-28-2

1. Auflage Stuttgart 1984

Inhaltsverzeichnis

Ein Wort zuvor

Neben den Erkältungskrankheiten - siehe „Thymian und Lindenblüten" aus dieser Buchreihe - sind es vor allen Dingen Magen- und Darmstörungen, einschließlich Appetitlosigkeit, Durchfall oder Stuhlträgheit, die heute in Selbstmedikation behandelt werden. Diese Befindensstörungen sprechen auf Heilmittel aus dem Pflanzenreich zumeist gut an, und sieht man einmal von schweren Erkrankungen im Magen- und Darmbereich ab, etwa von bösartigen Geschwülsten, Darmverschluß oder Geschwüren, dann helfen die alten bewährten Hausmittel schnell und dauerhaft. Selbst die Auswahl der richtigen Gewürze zu fetten oder blähenden Speisen vermag schon Besserung der Störungen zu bringen.

Die Hausmittel sind fast ausnahmslos Zubereitungen aus in- und ausländischen Heilpflanzen, Tees, Tinkturen oder Elixiere.

Bewährt haben sich besonders Arzneipflanzen mit bitteren Inhaltsstoffen wie z.B. Enzian, Tausendgüldenkraut, Bitterklee oder solche, die neben Bitterstoffen noch ätherisches Öl beinhalten, wie Beifuß, Wermut oder Schafgarbe, oder die sehr beliebten bitteren Organgenschalen.

7

Auch rein ätherische Öldrogen, wie Pfefferminze, Kümmel, Anis und Fenchel und vor allen Dingen die Kamille haben sich bewährt.

Abführdrogen wie Sennesblätter, Rhabarberwurzel, Faulbaumrinde oder das Rizinusöl spielen eine sehr große Rolle im Hausmittelschatz früherer Zeiten. Schier unübersehbar ist die Zahl der Empfehlungen aus den Zeiten, da man sich gezwungenermaßen selbst kurieren mußte, weil der Arzt und die Apotheke nicht, wie heute, um die Ecke zu erreichen waren und man sich oftmals einen Arzt oder die teure Arznei nicht leisten konnte.

Man kannte sich damals aus, und das „Doktorbuch" der Familie, oft handgeschrieben, enthielt genaue Angaben, nach denen man sich richtete.

Nicht alles, was da aufgezeichnet war, ist gut, nicht alles kann heute noch bestehen, doch sehr vieles müssen wir aufgrund wissenschaftlicher Untersuchungen anerkennen und bestätigen.

Meine kleine Auswahl an Rezepten gegen Magen- und Darmbeschwerden in diesem neuen Bändchen möge dazu beitragen, Altes und Bewährtes wieder ins Gedächtnis zurückzurufen, um Befindensstörungen im Verdauungstrakt auf ganz

8

9

natürliche Weise zu beheben. Keine Anleitung zur Kurpfuscherei, sondern Aufbereitung alten Volkswissens, das wissenschaftlichen Kriterien standhält; und wer zwischen den Zeilen zu lesen versteht, dem wird nicht verborgen bleiben, daß ich mich auch bemüht habe, ein wenig Gesundheitsaufklärung mit einzubringen.

Mannfried Pahlow

Pastor Wilkes heilsame und bewährte Rezepte bei Magenbeschwerden

„Die Medizin muß bitter schmecken, sonst nützt sie nichts"

Diesen Satz hörte man von dem heilkundigen Pastor immer wieder, wenn er seine Rezepte gegen Magen- und Darmbeschwerden kommentierte. Er nannte das sein Spezialgebiet, und was er an Arznei anzubieten hatte, war zumeist ebenso bitter wie wirksam. Die kleinen Kinder, denen er seine bitteren Tropfen oder einen bitteren Tee „verordnete", taten ihm dabei offensichtlich leid. Er strich ihnen freundlich über das Haar und zitierte häufig den Struwwelpeter: „Der Onkel Doktor stand dabei, und gab ihm bittere Arznei." Tröstend fügte er dann hinzu, daß ja nur der erste Löffel voll so entsetzlich bitter sei. Beim zweiten Mal hätte man sich schon daran gewöhnt, und bald spüre man den bitteren Geschmack überhaupt nicht mehr. Eine sehr interessante Beobachtung. Mütter berichten nämlich, daß Kinder, die über einen längeren Zeitraum wegen chronischer Appetitlosigkeit den bitteren Tausendgüldenkrauttee nehmen müßten, sich nach kurzer Zeit an die Bitterkeit des Tees gewöhnt hätten.

Leser des Bändchens dieser Reihe, das unter dem Titel „Thymian und Lindenblüten" über Erkältungskrankheiten und bewährte Hausmittel dagegen berichtet, kennen den Pastor Wilke schon ein weniger näher. Sie wissen, wie sehr er sich um Heilpflanzen bemüht, daß er sie in seinem eigenen Garten anbaut, und sie können bereits bestätigen, wie gut seine Ratschläge sind, die er bereitwillig und kostenlos erteilt. Dabei geht es ihm nicht nur alleine darum, seine Pfarrkinder wieder gesund zu machen, sondern gleichzeitig Gesundheitserziehung im weitesten Sinne zu betreiben, sie vor Dummheiten und Schaden zu bewahren. Hausierer, die minderwertige Kräuter anbieten und übertriebene Versprechungen im Hinblick auf die Gesundheit machen, waren ihm besonders verhaßt.

„Man braucht gute Ware, wenn sie wirken soll, und wer seine Kräuter im Garten nicht selber anbauen will, keine Zeit hat, sie draußen frisch zu ernten, der soll sie wenigstens in der Apotheke kaufen, denn dort bekommt man einwandfreie Tees."

12

Bitterstoffe als wirksames Prinzip oder aromatische Bitterstoffe sowie Scharfstoffe und ätherische Öle bevorzugte er, wenn es darum ging, Magen und Darm wieder in Ordnung zu bringen.

Bevor ich seine Rezepte vorstelle, sei mir ein wenig Theorie erlaubt, denn dann versteht man besser, warum dem Pastor Wilke die „bittere Arznei" so wichtig war.

Viele Heilpflanzen sind alleine deshalb wirksam, weil sie bitter schmecken. Die Bitterstoffe regen nämlich alle Verdauungsdrüsen zu vermehrter Sekretion an. Ist der Saftfluß ausreichend, stellt sich Appetit ein, und sind genügend Verdauungssäfte zur Umsetzung der aufgenommenen Nahrung vorhanden, wird das Essen besser vertragen. Enzian, Tausendgüldenkraut und Bitterklee sind die am häufigsten gebrauchten Bitterstoffdrogen[1] unserer heimischen Flora. Viele unserer Heilpflanzen haben aber neben den Bitterstoffen noch ätherische Öle aufzuweisen, was man an dem Duft erkennt, wenn

---

[1] *Das Wort Droge(n), wann und wie es in diesem Büchlein auch immer gebraucht wird, hat mit Rauschgiften nichts zu tun. Der Apotheker nennt alle getrockneten Heilpflanzen seit altersher „Drogen". Erst in neuerer Zeit hat sich das Wort „Droge" auch als Bezeichnung für Rauschmittel eingebürgert.*

13

man sie zwischen den Fingern zerreibt. Man nennt sie aromatische Bitterstoffdrogen. Als Beispiel nenne ich den Beifuß, den Wermut und die Schafgarbe aus der heimischen Pflanzenwelt und aus südlichen Ländern die bitteren Orangen, deren Schale arzneilich verwendet werden. Diese alle wirken wie die reinen Bitterstoffdrogen sekretionsfördernd und bringen zusätzlich noch die Wirkung der ätherischen Öle mit ein: die krampflösende, desinfizierende und Winde vertreibende Wirkung. Ingwer und Cayennepfeffer z.B. sind mehr scharf als bitter und aromatisch. In solchen Fällen spricht man von Scharfstoffdrogen. Diese Heilpflanzen sind vornehmlich zu Magen-Arzneien als Tee, Tinktur, Elixier verarbeitet und werden auch noch durch solche ergänzt, deren Hauptinhaltsstoffe ätherische Öle sind, wie Pfefferminze, Melisse, Kümmel, Anis, Fenchel, Koriander oder Thymian. Auch die Wirkstoffe der Kamille stecken im ätherischen Öl.

Das Ergebnis: Magenarzneimittel schmecken bitter und sind deshalb so wirksam.

Das alles wußte Pastor Wilke durchaus und daher seine These: „Die Magenmedizin muß bitter schmecken, sonst nützt sie nichts."

(Nebenstehendes Bild: Tausendgüldenkraut)

14

Gentiana Centaurium

15

Tausendgüldenkraut macht Appetit

Es gibt sie heute ebenso, wie sie es früher gegeben hat, die Suppenkasper, die sich ohne Appetit an den Tisch setzen und nicht zum Essen zu bewegen sind. Sie stochern auf ihrem Teller herum und bringen die Mütter zur Verzweiflung. Sie sehen auch entsprechend aus; blaß mit dunklen Ringen unter den Augen und sind mager und anfällig für jede Krankheit. Pastor Wilke gab den besorgten Müttern folgenden Rat:

„Paß auf, daß sie nicht zuviel naschen, denn das ist nicht gut, und dann gib ihnen etwa eine halbe Stunde vor dem Essen einige Schlucke Tausendgüldenkrauttee; der hilft schnell und sicher."

Das hat sich manche Mutter aufgeschrieben und es findet sich daher in unzähligen Hausmittelbüchern.

Pastor Wilke hat ihnen auch gleich gesagt, wie sie den Tee zubereiten sollen, denn auch das hielt er für sehr wichtig:

„Nimm zwei Teelöffel voll Tausendgüldenkraut und übergieße sie mit kaltem Wasser. Lasse den Ansatz 3 bis 5 Stunden stehen und seihe ab.

16

Dann ist der Tee fertig. Gesüßt werden darf er natürlich nicht.

Da ist nichts mehr hinzuzufügen. Tausendgüldenkraut regt den Appetit an und in etwas größerer Menge[1] genommen hilft er auch all denen, die von sich behaupten, ihnen bliebe das Essen „wie ein Stein im Magen" liegen.

„Nimm Fünferlei-Tropfen, dann kannst Du essen wie ein Scheunendrescher; und das Essen bekommt Dir auch!

Auch ein Zitat von Pastor Wilke, und bei meiner Großmutter galt er auch als der Erfinder dieser Tropfen, was ich jedoch bezweifle. In alten Apotheken-Manualen, handschriftlichen Aufzeichnungen des Apothekers, findet man das gleiche oder eine Menge sehr ähnlicher Rezepte und die sind zumeist älter als der gute Pastor. Wie dem nun auch sei, das Rezept war hilfreich und wer es ausprobiert hat, kann das bestätigen. Es lautet:

---

[1] *Eine Tasse voll vor jeder Mahlzeit*

jeweils 10 Gramm:
Pfefferminztinktur
Melissengeist
Aromatische Tinktur
Wermuttinktur

darin aufgelöst 3 Tropfen   Kümmelöl

Und wer einen „schwachen Magen" hat, wem das Essen wie ein Stein im Magen liegen bleibt, wen die Winde plagen, der Magen drückt, der kann mit 20 bis 30 Tropfen schnell Linderung finden.

Wichtig war Pastor Wilke auch der Hinweis, daß solche Menschen, die von sich sagen, sie hätten einen kranken Magen, ihnen bekäme fettes Fleisch nicht, ihr Essen herzhaft würzen sollten: mit Basilikum[1], Majoran, Wermut, Beifuß, Kümmel, Koriander und Wacholder. Für Gänse- oder Entenbraten empfahl er, mit Beifuß und Wermut nicht zu sparen: „Das schmeckt nicht nur besser, sondern ist auch gesund."

---

[1] Wilkes Lieblingsgewürz, das all denen, die salzlos essen müssen, in Mischung mit Rosmarin und Thymian das Salz geschmacklich ersetzen kann.

Ernährungswissenschaftler bestätigen diese Erfahrung immer wieder. Herzhafte Gewürze fördern die Verdauung, regen den Kreislauf an und schaffen Wohlbefinden. Salz und Essig sind zwar auch erlaubt, doch wenn von herzhaftem Würzen die Rede ist, sind sie nicht gemeint.

„Ist Dir übel, hast Du Bauchweh, dann hilft Dir Kamille und Pfefferminze"

Diesen Hinweis fand ich unter der Hauptüberschrift „Bauchweh". Und da stand dann zunächst zu lesen, wie unsagbar schwer es doch sei, besonders bei Kindern, sicher herauszufinden, woher die Bauchschmerzen kämen.

„Alles kann es gewesen sein: zu viel gegessen, zu kalt getrunken, zu lange auf kaltem Boden gesessen, unreifes Obst verzehrt, oder bei jungen Mädchen kann es die einsetzende Regel[1] sein, vielleicht sogar eine leichte Blasenentzündung. Und das nennt man dann alles Bauchweh."

[1] Menstruationsbeschwerden

„Deshalb muß man immer Kamille und Pfefferminze im Haus haben, damit man den Kindern sofort einen heißen Tee[1] geben kann. Wenn er schluckweise getrunken wird, sind die Beschwerden oft schon nach einer einzigen Tasse Tee verschwunden. Wenn aber das Bauchweh nicht verschwindet, am nächsten Tag immer noch da ist, dann muß ein Arzt um Rat gefragt werden, es könnte ein größeres Übel sein (Blinddarm?)."

In der Tat hilft warmer Kamillentee mit Pfefferminze gemischt bei „Bauchweh" zumeist schnell und nachhaltig, denn die ätherischen Öle aus diesen beiden Heilpflanzen entkrampfen und beruhigen. Der Hinweis, den Arzt zu konsultieren, wenn nicht sofort Besserung eintritt, ist richtig. Selbstmedikation in Bagatellfällen ist durchaus empfehlenswert. Sie darf jedoch nicht in Kurpfuscherei ausarten. Das war auch Pastor Wilkes Meinung, und daher rührt auch wohl das Vertrauen, das man ihm entgegenbrachte. Er kannte seine Grenzen.

[1] Einen Teelöffel voll Kamillenblüten und einen Teelöffel voll Pfefferminzblätter gibt man in eine Teetasse, übergießt mit siedendem Wasser, läßt zugedeckt 10 Minuten lang ziehen und seiht ab.

(Nebenstehendes Bild: Kamille)

20

Matricaria Chamomilla

21

„Kümmel und Enzian helfen bei Blähungen und Vollsein"

Dieser Rat von Pastor Wilke war der beliebteste bei allen älteren Menschen. Sie verstanden nämlich sowohl unter Kümmel als auch unter Enzian jeweils den Schnaps, und beide waren ihnen nach kräftigen Mahlzeiten gerade recht. Allzu gerne gaben sie sich als Magenleidende aus, um diese bekömmliche Arznei einnehmen zu dürfen.

Aber eigentlich hatte der Pastor den Tee gemeint[1] , doch er ließ auch die Schnäpse gelten. Nur bei Kindern, da mußte es der Tee sein. Statt Enzianwurzel, die doch recht bitter ist, erlaubte er den Müttern, auch ein Gemisch aus Kümmel und Fenchel zu verwenden[2]. Das schmeckt besser. Süßen ist jedoch nicht erlaubt.

[1] Ein Teelöffel voll zerstoßenen Kümmels und 1 Teelöffel voll zerschnittener Enzianwurzel mit ¼ Liter siedendem Wasser übergießen, nach 5 bis 10 Minuten abseihen und vor dem Essen trinken.
[2] Zubereitung wie unter 1 beschrieben, doch statt Enzianwurzel 1 Teelöffel gestoßener Fenchelfrüchte verwenden.

(Nebenstehendes Bild: Gelber Enzian)

Gentiana lutea

23

Für Säuglinge riet er zu einer Blähsuchtsalbe aus Kümmel, die jeweils nach den Mahlzeiten (der Flasche oder dem Brei) um den Nabel herum leicht einmassiert wird.

Sein Rezept dafür lautet:

20 Gramm frische, ungesalzene Butter oder ungesalzenes Schweineschmalz wird mit zwei Tropfen Kümmelöl in einer Reibschale gut vermischt und in einen Salbentopf gegeben. Kühl aufbewahrt hält sich diese Salbe etwa zwei Wochen. Wenn sie ranzig riecht, darf sie nicht mehr verwendet werden.

Heute hat man es einfacher, denn man kann sich mit einer hautfreundlichen, abwaschbaren und vor allen Dingen haltbareren Salbengrundlage Pastor Wilkes Rezept auch in der Apotheke machen lassen. Das Rezept für den Apotheker lautet dann so:

O. Carvi gtt. II
Ungt. emulsificans ad 20,0

Und was halten wir heute von all diesen Empfehlungen? Diese Frage stellt man sich ja wohl immer, wenn es sich um Therapieempfehlungen früherer Zeiten dreht. Ich kann nur sagen, daß ich alle diese Ratschläge anerkennen kann.

Kümmel, Fenchel und Anis sind die besten pflanzlichen Carminativa (Wind vertreibende Mittel), über die wir verfügen. Sie sind nicht nur wirksam, sondern so manchem Chemotherapeuticum gleichwertig, wenn nicht überlegen. An erster Stelle unter den Dreien steht der Kümmel, gefolgt von Fenchel und Anis. Folglich ist auch der beliebte Fencheltee für Säuglinge eine echte Hilfe. Gibt man, wie es Pastor Wilke empfiehlt, dem Kümmel noch Enzian hinzu (also eine Bitterstoffdroge; siehe auch Seite 22), so verbessert man zusätzlich den Verdauungssaftfluß, was der besseren Verträglichkeit blähender Speisen durchaus förderlich ist.

Die Schnäpse (es dürfen als Arznei jedoch keine Liköre sein) sind, sieht man einmal von dem Alkoholgehalt ab, keineswegs abzulehnen, denn sie wirken in der Tat verdauungsfördernd und blähungsfeindlich. Sicherlich haben sie sich deshalb so gut durchgesetzt.

25

Wußten Sie eigentlich, verehrter Leser, daß Kümmel und Wacholderbeeren oder Lorbeerblätter dem Sauerkraut, Kümmel, Anis, Koriander oder Fenchel dem Brotteig erst in zweiter Linie des Geschmackes wegen beigegeben werden? Sie dienen vielmehr der besseren Verträglichkeit des oft blähenden Sauerkrautes oder des frischen Brotes.

Wußten Sie auch, daß Pfeffernüsse, Anisplätzchen und die vielen Gewürzbackwaren zur Weihnachtszeit nicht nur Leckerei sind, sondern mit dazu beitragen, daß das üppige Festtagsessen bei zumeist zu wenig Bewegung besser vertragen wird? Man hat früher das Angenehme mit dem Nützlichen vortrefflich zu verknüpfen gewußt.

Auch der 8. Gang mittelalterlicher Festgelage, das sogenannte Confect (bei Hofe mit Fanfarenklängen oder besonderen Darbietungen des Hofnarren begleitet) war erst in zweiter Linie seines Geschmackes wegen so beliebt, sondern vor allem, weil es viele Kräuter enthielt (aromatisch, bitter und scharf), die die Bekömmlichkeit der üppigen Mahlzeit verbesserten: vorbeugende Arznei gewissermaßen.

(Nebenstehendes Bild: Koriander)

26

310

Coriandrum sativum

27

Pastor Wilkes Geheimrezept
für Magenkranke

Magenelixier nannte er diese Arznei, von der er nur sagte, daß sie für ihn die wirksamste Arznei sei für all diejenigen, die einen „schwachen Magen", eine „schlaffe Galle" und eine „müde Leber" haben. Und darunter konnte sich jeder vorstellen, was er wollte. Aber damals nannte man eine chronische Magen- und Darminsuffizienz wohl so. Wer also das Essen nicht so recht verträgt, Fettes und Gebratenes noch weniger als Gekochtes, wer leicht Blähungen und Magendrücken bekommt, auch häufiger unter Verstopfung leidet, keinen richtigen Appetit hat, der zählt wohl zu den Patienten, denen Pastor Wilkes Magenelixier hilft.

Es sollte - so munkelt man - aus mehr als 10 verschiedenen Heilpflanzen bestehen und manche kämen sogar aus fernen Ländern. Zitwerwurzel, Boldoblätter, Indischer Rhabarber, Curcuma und bittere Orangen hatte meine Großmutter notiert, und Löwenzahn, Kümmel, Pfefferminze, Benediktenkraut wußten andere zu nennen. Die braune Flüssigkeit müsse man 2 bis 3 mal täglich einnehmen, jeweils einen Eßlöffel oder ein Likörgläschen voll,

28

dann würde man wieder gesund.

Was war nun das Geheimnis daran? Ich kann es mir gut vorstellen, nämlich alkoholische Auszüge aus vielen Heilpflanzen mit ätherischem Öl oder Bitter- und Scharfstoffen, die den Magen, den Darm, die Galle und die Leber anregen, tonisieren und zur Bildung und Absonderung vermehrter Verdauungssäfte führen. Eine leichte Abführwirkung vervollständigt dann das Ganze. Das führt in der Tat zu Wohlbehagen und macht die Speisen bekömmlicher. Auch heute noch sind Tonika ebenso beliebte Magenmittel wie die bitteren und halbbitteren Verdauungsschnäpse, die Klaren mit viel Kümmel oder der Bärwurz aus dem Bayerischen Wald, die Lebenselixiere oder die Lebenswässer „ad longam vitam".

Alte Hausmittel in neuem Gewande, nach alten Rezepten in modernen Herstellungsverfahren bereitet, vornehmlich Tonika oder Elixiere sind durchaus empfehlenswerte Mittel. Unterhalten Sie sich darüber doch einmal mit Ihrem Apotheker.

Aus Großmutters Rezeptbuch für gesunde und kranke Tage

„Tante Erna hält nichts von Abführmitteln"

Tante Ernas Rat in Sachen Gesundheit galt sehr viel in unserer Familie. Meine Großmutter, die damals für das Wohlbefinden ihrer Kinder und Enkelkinder verantwortlich war, konsultierte sie oft, wenn sie uns besuchte. Sorgfältig probierte sie die wohlgemeinten, von Tante Erna selbstsicher vorgetragenen Ratschläge aus, um sie dann, sofern sie überzeugend wirkten, fast wörtlich in ihr Rezeptbuch einzutragen. Die Quellenangaben (von Tante Erna empfohlen) fehlten nie. Als ich dieses Buch zum ersten Mal mit Interesse las, da fragte ich mich, wieviel Placeboeffekt wohl die gute Tante mit eingebracht hat. Sicher eine ganze Menge, doch ihre Ratschläge waren vernünftig und viele davon sind auch heute noch empfehlenswert.

Tante Erna hielt nicht viel von Abführmitteln bei andauernder Hartleibigkeit[1] . So hat es Groß-

[1] Gemeint ist chronische Stuhlverstopfung (Stuhlträgheit)

(Nebenstehendes Bild: Pfefferminze)

MENTHA PIPERITA

31

mutter vermerkt. Sie ließ lediglich bei akut auftretender Verstopfung mit oder ohne Bauchweh einen Eßlöffel Rizinusöl, eine Tasse Sennesblättertee oder einen Faulbaumrindentee zu[1] oder zwei Teelöffel voll Faulbaumrinde oder von jeder Sorte einen Teelöffel voll gemischt mit kaltem Wasser ansetzen, über Nacht sehen lassen und abseihen. Zum Trinken leicht anwärmen. Bei Bedarf eine Tasse voll. Ansonsten vertrat sie die Meinung, daß Hartleibigkeit an falscher Lebensweise und unrichtiger Ernährung läge, und ihr Rat sah so aus:

„Wenn Du am Tage weniger als zwei Liter Flüssigkeit zu Dir nimmst (die Suppe zum Mittag, den Kaffee in der Frühe, den Tee und die Milch, die Du trinkst, darfst Du dazuzählen), wenn Du den ganzen Tag am Spinnrad, an Deiner Stickerei oder hinter den Büchern sitzt[2], dann ändere das zuerst. Trinke viel und bewege dich regelmäßig. Das hat schon

[1] Ihr Rezept lautet: zwei Teelöffel von Sennesblätter (für Kinder) Sennesschoten = Mutterblätter

[2] Das waren zu Tante Ernas Zeiten oftmals die einzigen Beschäftigungen junger Frauen aus den sogenannten „besseren Kreisen"; heute zu vergleichen mit Büroarbeit oder Dauerfernsehen.

(Nebenstehendes Bild: Sennesblätter)

64

CASSIA SENNA

vielen Menschen einen geregelten Stuhlgang ge-
bracht. Auch das Essen kann schuld an Deinem Leiden sein. Kuchen und feine Backwaren sind nicht
gut, aber grobes Brot aus vollem Korn, viel Obst
und Gemüse, besonders Kohl (alle Arten) werden
Dir hilfreich sein. Ganz besonders aber empfehle
ich Dir Sauerkraut [1]. Das kannst Du roh oder ge-
kocht, frisch oder aufgewärmt essen, soviel Du davon magst. Deine Verstopfung wird besser und auch
Deine Haut wird schöner; Du wirst Dich rundher-
um wohler und behaglicher fühlen.".

In Klammern war dann noch zu lesen, daß
auch Leinsamenschrot, am Morgen etwa 2 bis 3
Eßlöffel davon gegessen, oder Weizenkleie, beides
mit sehr viel Flüssigkeit, sehr empfehlenswert sei.

*Was Tante Erna da empfohlen hat, ist wieder
ganz modern. Ärzte und Apotheker warnen vor dem
Dauergebrauch von Abführmitteln, auch den rein
pflanzlichen. Auch Abführ- und Blutreinigungstees,
die zumeist Sennesblätter, Sennesschoten, Faulbaumrinde oder Aloe enthalten, sind nicht für den Dauergebrauch bestimmt, da sie den Darm schädigen kön-*

[1] 200 bis 300 Gramm Sauerkraut täglich über einen Zeitraum von
3 bis 4 Wochen bringen spürbare Besserung

34

nen. Vermehrte Flüssigkeitsaufnahme, ausreichen-
de Bewegung, Sauerkraut, Leinsamen und Weizen-
kleie, grobes Brot und faserstoffreiches Gemüse
hingegen gelten als die besten Empfehlungen bei
chronischer Stuhlverstopfung. Man braucht nur et-
was Geduld und guten Willen.

„Für die Kleinen die Bickelbeeren - und für die Großen Tormentill"

Diesen Satz entdeckte ich unter der Hauptüberschrift „Gegen Durchfälle verschiedenster Ursache". Es war da auch von Eichenrinde die Rede,
von Galläpfeln, Wermut und Beifuß, Knoblauch und
geriebenem Apfel, von Kamille und Pfefferminze,
doch die abgegriffene Seite trug obige Überschrift.
Omas Eintragungen lauteten:

„Woher es wohl kommen mag, kann ich mei-
stens nicht sagen; mal sind es Kinder, die Zähne
kriegen, mal solche, die zuviel Kirschen gegessen
haben, sie bekommen Durchfall und manchmal auch
Bauchweh dazu. Auch den Erwachsenen, da wohl
aus anderen Gründen, ergeht es ähnlich.

Vielerlei ist dagegen empfohlen, die Nach-
barin reibt den Kleinen einen Apfel und gibt den

35

Großen einen Eichenrindentee. Ich gebe den Kindern immer einen Bickelbeerentee[1]. Die Bickelbeeren sammle ich mir jedes Jahr im Sommer, wenn es sehr heiß ist, damit ich sie in der Sonne gut trocknen kann. Und den Tee mache ich so:

Ich nehme 3 Eßlöffel voll getrocknete Bickelbeeren, wasche sie mit kaltem Wasser ab und übergieße sie dann mit ½ Liter Wasser. Darin lasse ich sie 2 Stunden weichen. Dann koche ich sie in dem gleichen Wasser auf und lasse sie noch 2 bis 3 Stunden ziehen. Erst dann seihe ich sie durch ein Leinentuch. Von diesem Tee gebe ich den Babys alle 2 bis 3 Stunden einen halben Teelöffel voll, den 2- bis 3jährigen einen ganzen Teelöffel voll und den Schulkindern immer 2 bis 3 Eßlöffel voll. Bald wird der Stuhlgang wieder fest, ist nicht mehr schaumig und stinkt nicht mehr. Diese Arznei schmeckt gut und wird sehr gerne eingenommen, was ja bei Kindern auch wichtig ist.

---

[1] Bickelbeeren ist einer der zahlreichen Volksnamen für die Heidelbeeren (Vaccinium myrtillus), die auch Schwarzbeeren, Blaubeeren oder Schnudderbeeri genannt werden.

(Nebenstehendes Bild: Heidelbeeren)

130

Vaccinium Myrtillus

37

Bei den Erwachsenen, wo es auf den Geschmack ja wohl nicht so ankommt, da nehme ich einen Tee aus der Tormentillwurzel[1]. Er wirkt gut und schnell."

Das Rezept fehlte hier für diesen Tee. Es war der Oma wohl so geläufig, daß sie es gar nicht notiert hat. Ich ergänze es daher für all diejenigen, die ihn ausprobieren möchten:

Zwei gehäufte Teelöffel Blutwurzel (Tormentill) werden mit ¼ Liter siedendem Wasser übergossen und 15 bis 20 Minuten lang ausgezogen. Danach wird abgeseiht. Es ist auch nicht falsch, den Tee mit kaltem Wasser anzusetzen, den Ansatz zum Sieden zu erhitzen und nach einer Minute Kochzeit abzuseihen. Von diesem Tee trinkt man schluckweise, über den Tag verteilt, 2 Tassen voll.

Sowohl die getrockneten Heidelbeeren als auch die Blutwurzel (Tormentill) enthalten reichlich Gerbstoffe, und Gerbstoffe haben sich bei der Behandlung von Durchfällen verschiedenster Art, besonders jedoch von sogenannten Gärungsdurchfällen

---

[1] Blutwurzel (Tormentilla erecta), auch Fünffingerkraut genannt.

(Nebenstehendes Bild: Blutwurzel)

Tormentilla

39

immer gut bewährt. Im Darm entziehen sie den Bakterien, die sich an der Darmschleimhaut festgesetzt haben, den Nährboden, indem sie die Darmschleimhaut leicht „angerben". Auch schreibt man dem blauroten Farbstoff der Heidelbeeren antibiotische Wirkung zu, so daß sich die beschriebene Wirkung als Durchfallmittel durchaus erklären läßt.

Kappessaft hilft bei Sodbrennen und Magengeschwüren

So stand es da, in Großmutters Rezeptbuch, obwohl wir zuhause gar nicht Kappes zum Weißkohl sagten; und um den handelt es sich hier. Aber bei Großmutter mußte alles seine Ordnung haben, und die entfernte Verwandte, die dieses Hausmittel bei uns eingeführt hat, nannte den Kohlkopf eben Kappes. Und dann hieß es weiter:

„Wenn Du immerzu, besonders aber nach dem Essen, aufstoßen mußt und alles sauer schmeckt, oder wenn es Dir im Schlunde wie Feuer brennt, dann hast Du einen kranken Magen. Damit sich kein größeres Übel einstellt - vielleicht gar Magengeschwüre - mußt Du eine Heilkur mit (ich nehme jetzt mal die gebräuchliche Bezeichnung)

Weißkohlsaft machen, denn dieser Heilsaft macht Dich schnell wieder gesund. Nimm Dir einen großen Weißkohlkopf, entferne die äußeren Blätter und hoble ihn ganz fein. Alsdann gib etwas Wasser hinzu, das Du vorher leicht angewärmt hast[1]. Laß alles eine Stunde lang stehen und zerdrücke den geschnittenen Kohl dann zu einem Brei. Den gib in ein Tuch und presse ihn aus. Den Rückstand versetze dann noch einmal mit der gleichen Menge Wasser und presse ihn nach etwa einer halben Stunde erneut aus. Wenn Du es gut gemacht hast, dann hast Du einen Liter Saft erhalten. Davon mußt Du 14 Tage lang etwa ½ bis 1 Liter am Tage trinken. Schon nach wenigen Tagen mußt Du nicht mehr sauer aufstoßen und auch das Magendrücken ist weg. Aber Du mußt die Kur trotzdem über 14 Tage durchhalten."

Ein recht umständliches Rezept, doch heute gibt es ja vorzügliche Entsafter, mit denen man sich mühelos einen Weißkrautsaft herstellen kann.

Und was ist aus heutiger Sicht zu diesem Rezept zu sagen? Es war eine gute Hausmittelempfehlung, die heute sogar ihre wissenschaftliche Bestätigung gefunden hat. Man hat im Weißkohlsaft einen Stoff entdeckt, den man zunächst als Vitamin

[1] Etwa ¼ Liter Wasser von ca. 30 Grad C.

U bezeichnete, der heute besser Anti-Ulkusfaktor genannt wird. Dieser Wirkstoff läßt Magenschleimhautentzündungen abheilen und ist auch bei Magen- und Zwölffingerdarmgeschwüren wirksam, wie es aus Kliniken der Schweiz und den USA zu hören ist.

Da es aber auch Patienten gibt, de diese Kur nicht vertragen, da sie auf Kohl Blähungen bekommen, hat man für sie nach einem Ausweg gesucht und ihn auch gefunden; man versetzt den Weißkohlsaft mit Kümmeltee[1], wonach er sehr gut vertragen wird. Kümmel ist - das wurde an anderer Stelle schon ausgeführt - das beste pflanzliche Carminativum, über das wir verfügen. Es ist wirksam und frei von Nebenwirkungen.

„Und Tante Erna kennt einen ausgezeichneten Tee, der Sodbrennen schnell beseitigt und Magengeschwüre abheilen läßt", ging es dann bei Großmutter weiter. „Er ist wirklich sehr hilfreich und schmeckt auch recht gut:

[1] Für einen Liter Saft benötigt man ¼ Liter Kümmeltee, der so bereitet wird: Zwei Teelöffel voll zerstoßener Kümmelfrüchte werden mit ¼ Liter siedendem Wasser übergossen. Nach 10 bis 15 Minuten wird abgeseiht.

(Nebenstehendes Bild: Melisse)

42

Melissa officinalis

43

Kamillenblüten	30 Gramm
Kümmelfrüchte	20 Gramm
Tausendgüldenkraut	10 Gramm
Melissenblätter	10 Gramm
Pfefferminzblätter	10 Gramm

Von dieser Mischung nimm immer zwei gehäufte Teelöffel voll, übergieße sie mit einer großen Tasse[1] siedendem Wasser, lasse den Ansatz eine Viertelstunde ziehen und gib den Tee durch ein Sieb. Gut warm und schluckweise trinken; am besten zwei bis drei Tassen am Tage."

An diesem Tee von der legendären Tante Erna habe ich schon viel Freude gehabt. Zunächst gab ich ihn versuchsweise in meiner Apotheke den Kunden, die die ärztliche Therapie bei Magengeschwüren mit einem Tee unterstützen wollten, dann setzte ich ihn bei Sodbrennen und Magenschleimhautentzündung ein. Meine Kunden waren begeistert, und so erzählte ich auch, daß Tante Erna (Jahrgang

---

[1] Es gibt im Handel sogenannte Kräuterteetassen, die einen Viertelliter Flüssigkeit fassen. Darauf sind die meisten Teerezepte heute zugeschnitten. Auch hier ist ¼ Liter gemeint.

1876) der Ursprung dieses „Ulcus-Tees"[1] war. Fort-an hieß er nun bei uns Tante Ernas Ulcus-Tee. Kein Geheimrezept, denn den mischt Ihnen jeder Apotheker.

Doch schnell noch einmal zurück zu Omas Rezeptbuch. Da steht noch etwas ganz wichtiges für Magenpatienten: „Wenn Dir einer sagt, Du mußt Schleimsuppe essen, weil Dein Magen krank ist, weil Du Magen- oder Zwölffingerdarmgeschwüre hast, so mußt Du das nicht glauben; ich weiß das besser: Du darfst alles essen, was Dir bekommt und worauf Du Appetit hast. Wenn Dir Dein Essen bekommt, dann hast Du recht getan. Nur scharf Gebratenes, das will ich Dir auch nicht gerade empfehlen. Aber Gewürze wie Basilikum, Kümmel, Anis, Fenchel, Majoran und Thymian, auch Rosmarin und Dill, gedünstete Zwiebeln und Knoblauch werden Dir nicht schaden. Pfeffer und Paprika mußt Du ausprobieren. Von faden Schleimsuppen kann nämlich keiner leben."

---

[1] So nannte ich ihn zuerst wegen seiner Wirkung bei Magengeschwüren)

Oma war für die damalige Zeit sehr mutig, doch sie hatte Erfahrungen gesammelt, denn der Opa hatte einen kranken Magen und der wehrte sich gegen fades Essen.

Heute müssen wir dem voll zustimmen. Auch die Ärzte verlangen von Magenkranken keine strenge Diät mehr. Es gibt kaum noch Verbote, und was verboten wird, verbietet sich ganz von selbst, weil es dem Patienten nicht bekommt. Das wird er dann gerne meiden!

(Nebenstehendes Bild: Anis)

46

Pimpinella Anisum

47

Probates von Gestern

„Komm her, ich geb' Dir ein paar Wermuttropfen"

Das war eine stete Redewendung eines alten Landarztes, der schon über 80 Jahre alt war und nicht mehr praktizierte. Er hatte seine Wundertropfen aber immer noch in der Tasche. Tinctura Absinthii stand auf dem Fläschchen, die pharmazeutisch-medizinische Bezeichnung für Wermuttinktur. Unter diesem Namen bekommt man sie auch noch heute in jeder Apotheke.

Bei Bauchweh, zumeist unbekannter Ursache, bei Übelkeit, Blähungen, Magenkrämpfen, Gallenkoliken, ja sogar bei Kopfweh hat sie der gute Doktor verordnet. Ich kann mich nicht erinnern, daß diese Wunderarznei je einmal versagt hat.

Der alte Herr nahm seinen Patienten geheimnisvoll beiseite, ließ sich ein Schnapsglas voll Wasser geben und tropfte je nach der vermeintlichen Schwere des Falles zehn bis dreißig Tropfen seiner Lieblingsarznei dort hinein. Das mußte sein Patient unter seiner Aufsicht, möglichst mit einem

(Nebenstehendes Bild: Wermut)

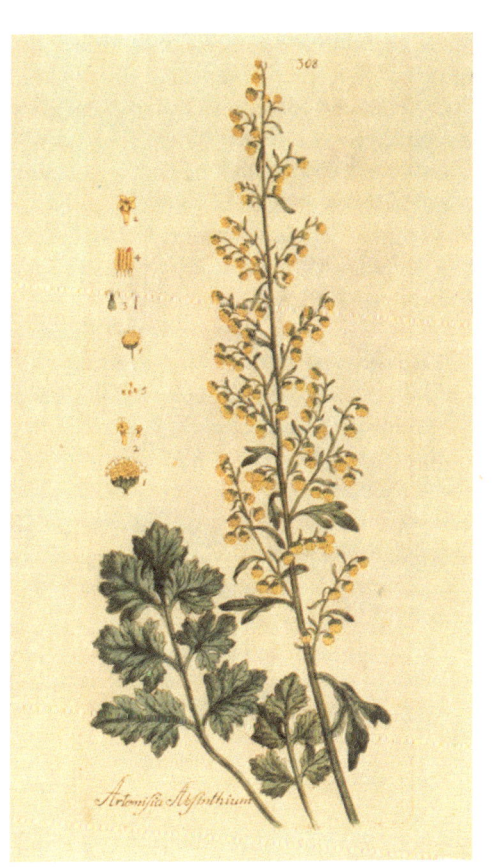

Artemisia Absinthium

49

Schluck, einnehmen. Dann machte er das Glas noch einmal voll Wasser, tropfte noch einmal Wermuttinktur hinein und gab die Anweisung, diese zweite Dosis am Abend vor dem Zubettgehen zu schlucken. „Aber nicht vergessen; und auch dann einnehmen, wenn schon alles wieder gut ist,“ ermahnte er. „Die Beschwerden werden schnell vergehen,“ versprach er noch und davon war er überzeugt, und seine Patienten glaubten ihm.

War das nun alles Einbildung? Täuschte sich der alte Doktor selber, täuschte er auch seine Patienten? Ganz bestimmt nicht!

Wermuttropfen sind ein altes bewährtes Hausmittel und die Heilpflanze, aus der sie hergestellt werden, zählt zu den aromatischen Bitterstoffdrogen (Seite 13). Ich kenne viele Menschen, die eine drohende Gallenkolik (bei Gallensteinen) mit Wermuttropfen abzuwenden wissen, die Magenschmerzen erfolgreich damit behandeln, Verdauungsstörungen wieder normalisieren und auch bei Kopfschmerzen auf diese Tropfen schwören.
Die ätherischen Öle und die Bitterstoffe des Wermuts dürften die Wirkung ausmachen und in al-

koholischer Lösung kommen sie besonders gut an.
Ein Hausmittel mit vielseitiger Wirkung.

Schon beim Bau der Pyramiden ausprobiert und von Alexander dem Großen hoch gepriesen: Knoblauch und Rettich für Magen und Darm

Diese beiden Heilpflanzen haben sich bei Magen- und Darminfektionen schon immer bewährt. Es gilt als historisch abgesichert, daß die alten Ägypter den Arbeitern beim Bau der Pyramiden sehr viel Rettich und Knoblauch gaben, damit sie gesund blieben. Auch Alexander der Große war vom Wert des Knoblauchs für die Gesundheit so überzeugt, daß er auf seinen Eroberungszügen immer einen großen Vorrat davon mitführte. Er soll diejenigen mit der Todesstrafe bedroht haben, die Soldaten oder Offiziere wegen ihres Geruches nach Knoblauch schmähten. Bei uns kennt man als Hausmittel gegen Gärungsdurchfälle in erster Linie den Rettichsaft, aber auch fein zerdrückte Knoblauchzehen werden dagegen eingenommen. Knoblauchwein hingegen gilt als allgemeines Stärkungsmittel älterer Leute.

Hier die Rezepte: (aus einem Hausmittelbuch aus dem vorigen Jahrhundert). „Nimm einen großen Rettich[1] , zerhacke und zerstampfe ihn, bis er lauter Mus ist. Dann presse ihn aus und trinke den Saft immer nach dem Essen. Ein kleines Glas voll[2] genügt, doch das tue regelmäßig, bis der Magen gesund ist und Du keinen Durchfall mehr hast[3]."

„Nimm zwei Knoblauchzehen, sie müssen noch saftig und frisch sein, enthäute sie und schneide sie sehr fein. Dann gib sie in eine Schale und zerdrücke sie zu Mus. Das Mus mußt Du essen, und wenn es Dir zu scharf ist, gib es in einen Löffel Milch. Wenn du das jeden Tag zweimal tust, ist der Magen bald wieder frisch, und so Du Durchfall hast, geht er schnell vorbei. - Wenn dich der Geruch stört oder Andere es Dir verübeln, weil Du nicht gut riechst, bitte sie um Verzeihung; die Kur dauert ja nur wenige Tage."

[1] Gemeint ist der so genannte Bierrettich (Raphanus sativus), nicht aber der scharfe Meerrettich (Amoracia rusticana)

[2] Etwa 50 bis 100 ml.

[3] Heute ist die Herstellung des Rettichsaftes sehr viel einfacher: Kleinschneiden und in den Entsafter geben. Den Saft kann man gleich in einem passenden Trinkglas auffangen.

(Nebenstehendes Bild: Lein)

Linum usitatissimum.

53

In Klammern war noch vermerkt: „Manche sagen, daß es auch mit Zwiebeln geht, Das mag wohl sein; aber der Knoblauch ist besser."

„Auch einen Knoblauchwein kannst Du Dir selber bereiten. Der ist gut für ältere Leute, die schlecht verdauen und immer übel riechenden Stuhl haben. Du mußt zwei ganze Knoblauchzwiebeln schälen, sie ganz fein zerschneiden und mit einer Flasche Weißwein aufkochen. Erst nach zwei Tagen darfst Du abseihen. Ein Likörglas in der Frühe, vielleicht auch noch eines am Abend sollst Du davon einnehmen."

Diesen Empfehlungen ist nichts mehr hinzuzufügen. Knoblauch wirkt bei Magen- und Darminfektionen. Seine antibakterielle Wirkung ist mehr als tausendfach nachgewiesen. - Nur schade, daß der Geruch so lästig ist, denn Knoblauch beugt außerdem der Arterienverkalkung vor, dem Herzinfarkt und verhindert Thrombosen. Die nötige Dosis allerdings übersteigt die Toleranzgrenze mitteleuropäischer Nasen. Daß auch Zwiebeln ähnlich wirken, dürfte stimmen, da beide Gewächse gleiche oder ähnliche Wirkstoffe enthalten. Auch gegen die Empfehlung, Rettichsaft zu trinken, ist nichts einzuwenden.
(Nebenstehendes Bild: Fenchel)

Anethum Foeniculum

55

Preiselbeermus und Schlehenmarmelade
für kleine „Morgenmuffel"

„Endlich bringe ich meine Kinder an den Frühstückstisch", berichtete eine besorgte Mutter von drei schulpflichtigen Kindern ihrer Freundin. Dabei strahlte sie über das ganze Gesicht. „Es war wirklich zum Verzweifeln, sie wollten und konnten vielleicht auch nicht frühstücken, gingen jeden Tag mit leerem Magen in die Schule, und da sollte was bei herauskommen." Sie meinte, sie könne sich nicht vorstellen, wie man mit leerem Magen vernünftig arbeiten könne. Auch Ernährungswissenschaftler meinen, daß ein ausgewogenes Frühstück die wichtigste Mahlzeit des Tages sei.

„Und was hatte ich mir immer für Mühe gegeben, den Tisch freundlich zu decken, habe Blumen hingestellt, für verschiedene Brotsorten gesorgt, Müsli, Quark, Butter, Margarine und Wurst neben Obst verschiedenster Art angeboten; doch nichts hat geholfen", fuhr sie fort, „bis ich in einem alten Hausmittelbuch den Hinweis fand, daß man Kindern, die morgens nicht essen wollen, noch vor dem Aufstehen einen Eßlöffel voll Preiselbeermus und

(Nebenstehendes Bild: Preiselbeeren)

129

Vaccinium Vitis idæa

einen Eßlöffel voll Schlehenmarmelade geben soll. Dann käme der Appetit von selbst."

„Und das hat geklappt?" wollte die Freundin wissen.

„Es hat geklappt. Ich kann nicht erklären warum, doch seit ich den Kindern diese Arznei gebe, essen sie ihr Frühstück mit bestem Appetit."

In der Tat, so richtig wissenschaftlich kann man die Wirkung nicht erklären. Vielleicht sind es die Bitterstoffe aus den Preiselbeeren, vielleicht sind es die herben Fruchtsäuren der Schlehen, die diese appetitanregende Wirkung hervorrufen. Fest steht, daß diese alte Hausmittelempfehlung wirklich hilft.

Honigmilch gegen Magenschmerzen und Stuhlverstopfung

„Koche Dir einen Viertelliter frische Kuhmilch ab, lasse sie abkühlen und gib dann drei Eßlöffel voll Waldbienenhonig dazu. Diese Milch mußt Du regelmäßig[1] trinken. Dein Stuhlgang wird leichter und die Magenschmerzen verschwinden; auch das saure Aufstoßen."

[1]Über einen Zeitraum von 2 bis 3 Wochen jeweils 2 bis 2 Tassen am Tage

58

So steht es in vielen alten Hausmittelbüchern, und was sich so hartnäckig hält, muß gut sein. Es gibt nichts Nachteiliges gegen dieses alte Rezept zu sagen.

Daß Diabetiker die Honigkur nicht machen dürfen, versteht sich von selbst.

Schon Hippokrates lobte das Johanniskraut, und Paracelsus auch

„Johanniskrautöl heilt den nervösen Magen. Und das darfst du ruhig glauben", hat meine Großmutter in ihr Gesundheitsbüchlein geschrieben, „denn schon der berühmte griechische Arzt Hippokrates gab es seinen Kranken, wenn sie Bauchweh hatten. Nimm zweimal am Tage einen kleinen Kaffeelöffel voll von dem roten Johanniskrautöl, das Du aus den Blüten und einem guten Öl herstellen mußt. Der Magen wird wieder gesund, und auch der Galle und Leber ist es nützlich."

Das Rezept war nicht angegeben, ich fand es unter „Wundöl" an anderer Stelle[1]:

---

[1]Man kann Johanniskrautöl heute in jeder Apotheke kaufen.

„Eine große Handvoll Johanniskrautblüten, die um Johanni herum[1] frisch gepflückt worden sind, werden in einem Mörser zerquetscht und mit einer Tasse bestem Öl[2] übergossen. Dann füllt man alles in eine weiße Flasche und stellt diesen Ansatz in die Sonne. Dort bleibt die Flasche so lange stehen, bis der Inhalt rot geworden ist. Das kann je nach täglicher Sonnenscheindauer 10 bis 30 Tage dauern. Erst dann wird abgepreßt und in die vorher gut ausgespülte Flasche zurückgegossen. Nach einigen Tagen hat sich das Öl über einem Bodensatz abgesetzt und muß vorsichtig abgegossen werden. In kleinen Fläschchen, die gut verschlossen werden[3] müssen, hält sich diese Arznei einige Monate, vielleicht sogar bis zum nächsten Jahr, in dem man wieder neues Öl aus frischen Pflanzen herstellen sollte."

[1] 24. Juni

[2] Etwa 200 ml Olivenöl kalt gepreßt.

[3] Am besten nimmt man Arzneiflaschen mit einem Fassungsvermögen von ca. 100 Gramm.

(Nebenstehendes Bild: Schafgarbe)

28

ACHILLEA MILLEFOLIUM

Ich meine wohl, daß man dieses alte Haus-
rezept all denen mit gutem Gewissen empfehlen
kann, die an nervösen Magenbeschwerden leiden,
denn Johanniskraut wird heute als Beruhigungsmit-
tel voll anerkannt. Man bezeichnet es sogar als den
"Tranquilizer aus dem Pflanzenreich". Ich gebe al-
lerdings dem Johanniskrauttee[1] den Vorzug.

Angemerkt sei noch, daß derjenige, der eine
Johanniskraut-Kur (gleichgültig ob mit Öl oder Tee)
macht, keine Höhensonnenbäder nehmen darf und
das pralle Sonnenlicht meiden muß.

„Und vergeßt mir
die Hoffmannstropfen nicht"

Dieser Hinweis stand unter der Hauptüberschrift „Auf Reisen immer dabei" in einem Gesund-
heitsbuch eines Pommerschen Gutsherren. Ob er sie

---

[1] Den Johanniskrauttee bereitet man so: Zwei gehäufte Teelöffel
voll getrocknetes und zerkleinertes Johanniskraut werden mit ¼
Liter siedendem Wasser übergossen und 10 Minuten ausgezogen.
Nach dem Abseihen ist der Tee trinkfertig. - Die Teekur sollte etwa
6 bis 8 Wochen dauern und kann zweimal pro Jahr wiederholt
werden.

62

gegen Reisekrankheiten mitnahm oder gegen Unpäßlichkeiten auf der Reise, war nicht festzustellen. Beides wäre richtig gewesen, denn Hoffmannstropfen helfen bei Übelkeit und Erbrechen, beruhigen den überreizten Magen und galten früher auch als leichtes Herz- und Kreislaufmittel.

Übrigens war der „Erfinder" der Hoffmannstropfen der gleiche Dr. Hoffmann, der den unsterblichen *Struwwelpeter* geschrieben hat.

Über die Anwendung schrieb man damals dies: „Die Hoffmannstropfen[1] mußt Du nehmen, wenn Dir übel wird, wenn Du bleich aussiehst und Du erbrechen mußt. Wenn Du es gleich tust, dann wird Dir schnell wieder besser. Sie vertreiben auch Herzklopfen. Besonders, wenn Dir der kalte Schweiß ausbricht, sind Hoffmannstropfen wirksam. Zwanzig Tropfen in einem Eßlöffel voll Wasser genügen schon. Kleine Kinder brauchst Du nur an der Flasche riechen zu lassen, damit ihnen wieder gut wird."

Gegen die Verwendung von Hoffmannstropfen in der hier empfohlenen Dosierung ist auch heute nichts einzuwenden.

---

[1] Hoffmannstropfen bestehen aus ¼ Äther und ¾ Weingeist. Man bekommt sie heute noch in jeder Apotheke

Pahlow, Tausendgüldenkraut

Verehrter Leser,

ist es nicht erstaunlich, daß wir bei genauerer Beschäftigung mit alten Hausmitteln immer wieder feststellen müssen, wie modern sie auch heute noch sind? Es lohnt sich daher immer wieder, sie neu zu entdecken und auszuprobieren, und Sie dazu zu „verführen" ist der Sinn dieser kleinen Buchreihe.

p.s.: Das Bändchen „Thymian und Lindenblüten" befaßt sich mit Hausmitteln gegen Erkältungskrankheiten für Erwachsene und Kinder.